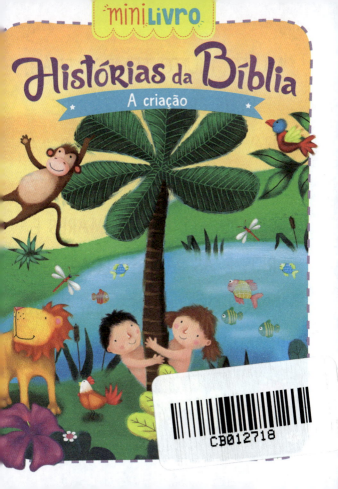

MUITO, MUITO TEMPO ATRÁS, **DEUS CRIOU A LUZ** ONDE HAVIA SÓ ESCURIDÃO; ASSIM **SURGIRAM O DIA E A NOITE.** DEPOIS, **ELE FEZ OS MARES E RIOS E AS PARTES SECAS.** EM TODOS OS LUGARES, **ESPALHOU PLANTAS E PÔS NO CÉU O SOL,** A LUA E AS ESTRELAS.

ENTÃO, DEUS CRIOU OS ANIMAIS. DEUS FEZ OS ANIMAIS QUE SABIAM **NADAR**, PARA VIVER NOS MARES E RIOS. E FEZ TAMBÉM OS ANIMAIS QUE VOAM.

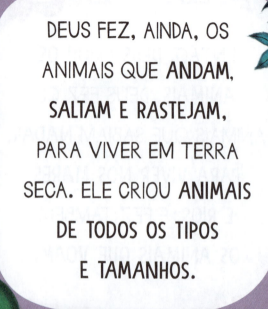

DEUS FEZ, AINDA, OS ANIMAIS QUE **ANDAM, SALTAM E RASTEJAM,** PARA VIVER EM TERRA SECA. ELE CRIOU **ANIMAIS** DE TODOS OS TIPOS E TAMANHOS.

POR FIM, DEUS PEGOU UM POUCO DE TERRA DO CHÃO, MODELOU O HOMEM E LHE DEU VIDA. PARA **FAZER COMPANHIA** AO HOMEM, DEUS FEZ A MULHER.

8 ★ 9

O HOMEM E A MULHER FORAM CHAMADOS DE **ADÃO E EVA.** ELES PASSARAM A **VIVER NO JARDIM DO ÉDEN,** UM LUGAR REPLETO DE PLANTAS E ANIMAIS.

ATIVIDADES

CONTORNE O NOME DO QUE DEUS PÔS NO CÉU.

ATIVIDADES

CIRCULE OS ANIMAIS QUE VOAM.

ATIVIDADES

ENCONTRE AS SOMBRAS
CORRESPONDENTES.

ATIVIDADES

LIGUE O HOMEM E A MULHER QUE DEUS CRIOU AOS NOMES DELES.

ADÃO **EVA**

RESPOSTAS

PÁGINA 12

PÁGINA 13

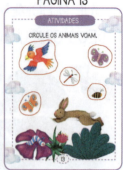

PÁGINA 14

PÁGINA 15